华语阅读金字塔·12级
Sinolingua Reading Tree Level 12

❻ 中医与西医

Traditional Chinese Medicine and Western Medicine

Victor Siye Bao（鲍思冶） 曾凡静 编著
卢 敏 翻译
王点意绘图工作室 绘画

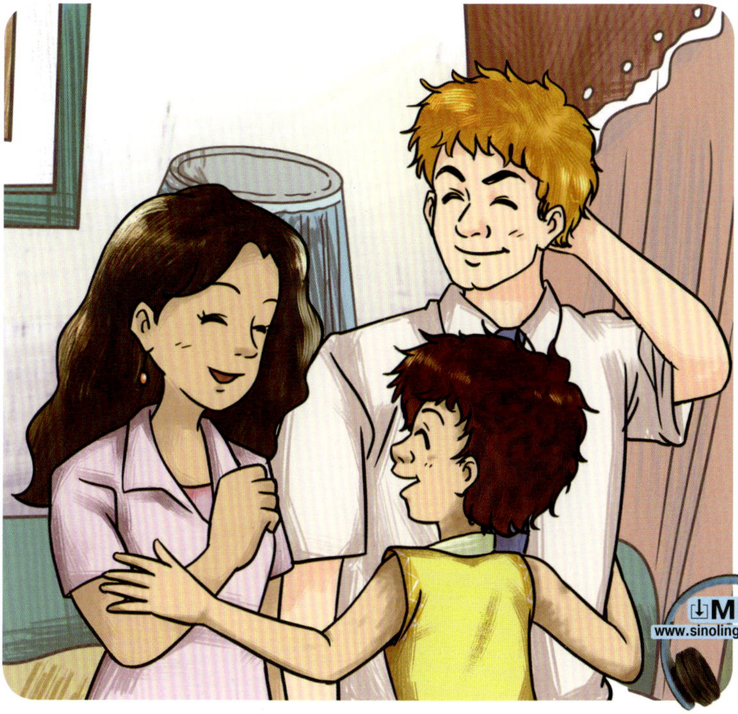

早上起床一照镜子,小米大喊:"妈妈,快看,我脸上长青春痘了。"

妈妈跑过来一看,平静地说:"其实长青春痘没什么大不了的呀!再不长青春痘,你都要告别青春了。"

小米今年十五岁,在英国一所IB学校上十一年级。

看着脸上的痘痘,小米开始担心今天去学校,班上那些调皮的男生看了会不会对她说三道四。

整个早晨,小米都和往常不一样,她无论是穿衣服、整理书包,还是洗脸、刷牙、吃早饭,都是慢慢的,一直无精打采。爸爸觉得不正常,就问小米有什么不开心的事情。小米指着脸上的痘痘,垂头丧气地上学去了。

晚餐后,小米回房间做作业了。妈妈一边收拾餐具,一边和爸爸商量着明天要不要带小米去看医生,治治她脸上的青春痘。

妈妈说:"可能是小米这段时间吃高糖高热量的食物太多了,身体内火气太重才会长青春痘。明天带她去中医那里看看吧,开几副中药喝喝就能好。"

爸爸说:"不要去看中医了,中药又苦又难喝,起效还很慢。还是去看西医吧,给一些消炎的药膏涂一涂,再吃点儿药片,很快就能好。"妈妈说:"中医虽然治疗时间长,但它是把人视为一个有机整体去调理的,而不是哪里出问题只治疗哪里。用中医治好青春痘以后,很长时间都不会再长出来的。"最后爸爸说:"算了,回头还是问问小米,让她自己决定吧。"

这时,小米走过来倒水喝,爸爸妈妈问她想去看中医还是看西医,小米说:"肯定是去看西医了,我同学治疗痘痘都是去西医诊所,治痘又快又好。"

第二天上午,爸爸就带着小米去了飞利浦西医诊所。医生检查了小米脸上的痘痘,说:"你这是皮肤感染,我给你开点儿药吧。药片一天吃三次,一次一片;药膏一天涂两次,每十二小时一次。"

小米按照医生的嘱咐吃药涂药,第二天,她脸上的痘痘明显少了,第三天,脸上的痘痘就没有了,她开心极了。

可是才过了半个月,小米脸上的痘痘又新长出来不少。这次,妈妈坚决主张带小米去看中医。

到了王氏中医诊所后,医生认真检查了小米脸上的痘痘,之后让小米张开嘴巴看了看舌头,又让小米伸出胳膊把了把脉。经过一番诊断后,医生说:"你是内分泌失调,要整体调理一下身体,等身体调理好了,痘痘自然就消失了。我给你开五副中药,回家之后加水泡二十分钟后,熬三十分钟,趁温热时喝下。每天两次,连续喝五天。"

小米问:"不要涂药膏吗?上次西医给我开了一些。"

"不用涂,你保持面部清洁就可以。喝中药这些天,你要注意别吃辛辣、油炸食物。"

回到家里,妈妈赶紧开始熬中药。妈妈拿出一副药,先泡再熬,大约用了一个小时,棕色的药汤被妈妈倒进一个大碗里。等药汤凉了一点儿,妈妈用杯子分出半碗拿给小米喝。

小米看着棕色的液体,皱着眉头尝了一口,马上跑去水池边把药吐了出来:"这药太苦了!"

"俗话说'良药苦口利于病',有效果的药虽然是苦的、不好喝,但是你喝了以后调理的是整个身体,痘痘消失后就再也不会长出来了。"妈妈说。

小米将信将疑,但还是按照妈妈说的,趁温热时把苦苦的药喝下去了。

五副药喝完,妈妈又带小米去了一次诊所,医生根据小米的变化调整了几味中药材,又开了五副中药。

小米喝到第八天的时候,脸上的痘痘才开始消褪,到第十天终于完全消失了。

幸运的是小米脸上的痘痘确实没有再长出来。

妈妈说:"你看,我说中医的效果好吧。"爸爸说:"这次是小米运气好而已。"

小米搂着爸爸妈妈说:"不管是西医还是中医,我的痘痘没有了才是最重要的。你们就不要争论哪个更有效啦!下次生病,我中医西医都看不就行了!"

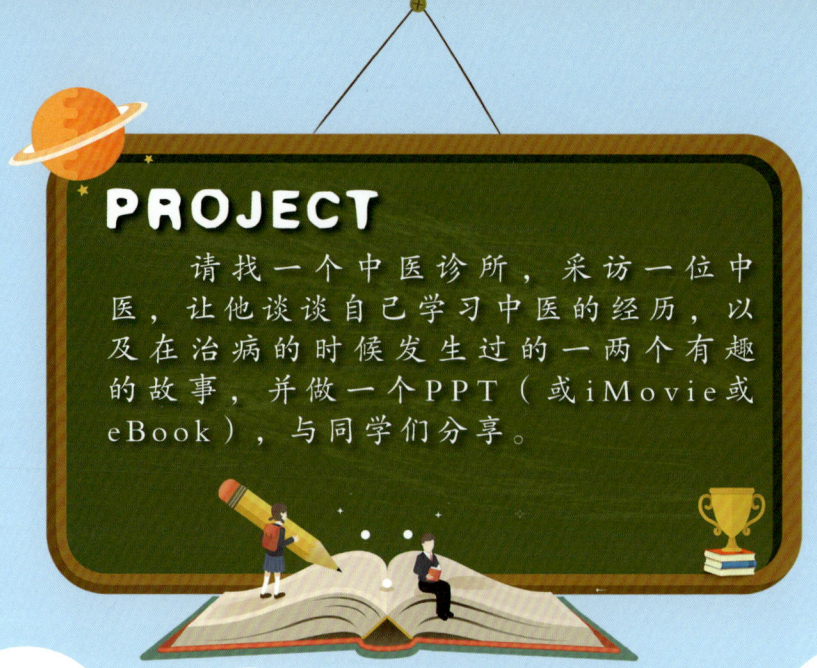

PROJECT

请找一个中医诊所，采访一位中医，让他谈谈自己学习中医的经历，以及在治病的时候发生过的一两个有趣的故事，并做一个PPT（或iMovie或eBook），与同学们分享。

 练习1　根据故事内容及你搜到的资料写一写

中医	西医	你自己国家的医疗方法

相同/相似之处：_____

不同之处：_____

原因：_____

让你最吃惊的是：_____

练习 2　写一写

　　假设你是故事中的小米，学校刚好要举办中文演讲比赛。你前段时间因为青春痘而烦恼，爸爸和妈妈因为去看中医还是西医而争论，请你围绕这个内容写一篇演讲稿。

练习 3　写一写，画一画

　　假设你是故事中的小米，在妈妈带你去看中医后，你对中医有了一些了解，请就你对中西医的看法用图文并茂的形式写成一篇文章，向中文校报投稿。

练习 4 完成句子填空，然后根据故事排出正确顺序

担心	商量	嘱咐	肯定	起效	可能	调理	检查
坚决	拿给	终于	连续	眉头	注意	根据	消失
决定	将信将疑	无精打采	良药苦口利于病				

( ) 妈妈说："＿＿＿＿＿是小米身体内火气太重才会长青春痘。明天带她去中医那里看看吧，开几副中药喝喝就能好。"

( ) 早上起床一照镜子，小米看自己脸上长青春痘了，开始＿＿＿＿＿今天去学校，班上那些调皮的男生看了会不会对她说三道四。

( ) 晚餐后，小米回房间做作业了，妈妈和爸爸＿＿＿＿＿着明天要不要带小米去看医生，治治她脸上的青春痘。

( ) 五副药喝完，妈妈又带小米去了一次诊所，医生＿＿＿＿＿小米的变化调整了几味中药材，又开了五副中药。

( ) 最后爸爸说："算了，回头还是问问小米，让她自己＿＿＿＿＿吧。"

( ) 小米看着棕色的液体，皱着＿＿＿＿＿尝了一口，马上跑去水池边把药吐了出来："这药太苦了！"

( ) 整个早晨，小米都和往常不一样，她一直＿＿＿＿＿。

( ) 爸爸妈妈问小米去看中医还是看西医，小米说："＿＿＿＿＿是去看西医了，我同学治疗痘痘都是去西医诊所，治得又快又好。"

( ) 爸爸说："不要去看中医了，中药又苦又难喝，＿＿＿＿＿还很慢。还是去看西医吧，给一些消炎的药膏涂一涂，再吃点药片，很快就能好。"

( ) 我给你开五副中药，每天两次，＿＿＿＿＿喝五天。"

( ) 第二天上午，爸爸就带着小米去了飞利浦西医诊所。医生＿＿＿＿＿了小米脸上的痘痘，说："你这是皮肤感染，我给你开点儿药吧。"

( ) 小米按照医生的＿＿＿＿＿吃药涂药，第二天，她脸上的痘明显少了，第三天，脸上的痘就没有了，她开心极了。

( ) 小米问："不要涂药膏吗？""不用涂，你保持面部清洁就可以。喝中药这些天，你要＿＿＿＿＿别吃辛辣、油炸食物。"

( ) 妈妈说："中医虽然治疗时间长，但它是把人视为一个有机整体去＿＿＿＿＿的，用中医治好青春痘以后，很长时间都不会再长出来的。"

( ) 可是才过了半个月，小米脸上的痘痘又新长出来不少。这次，妈妈＿＿＿＿＿主张带小米去看中医。

( ) 小米喝到第八天的时候，脸上的痘痘才开始消褪，到第十天＿＿＿＿＿完全消失了。幸运的是小米脸上的痘痘确实没有再长出来。

( ) "俗话说'＿＿＿＿＿'，有效果的药虽然是苦的、不好喝，但是你喝了以后调理的是整个身体，痘痘消失后就再也不会长出来了。"妈妈说。

( ) 到了王氏中医诊所后，医生认真检查了小米脸上的痘痘，之后让小米张开嘴巴看了看舌头，又让小米伸出胳膊把了把脉。经过一番诊断后，医生说："你是内分泌失调，要整体调理一下身体，等身体调理好了，痘痘自然就＿＿＿＿＿了。"

( ) 回到家里，妈妈赶紧熬中药。棕色的药汤被妈妈倒进一个大碗里。妈妈用杯子分出半碗＿＿＿＿＿小米喝。

( ) 小米＿＿＿＿＿，但还是按照妈妈说的，趁温热时把苦苦的药喝下去了。

垂头丧气	药膏
chuítóu - sàngqì / crestfallen	yàogāo / ointment
感染	嘱咐
gǎnrǎn / infection	zhǔfù / advice
把脉	诊断
bǎmài / feel the pulse	zhěnduàn / diagnosis; diagnose
皱(着)眉	将信将疑
zhòu(zhe) méi / frown	jiāngxìn - jiāngyí / suspicious

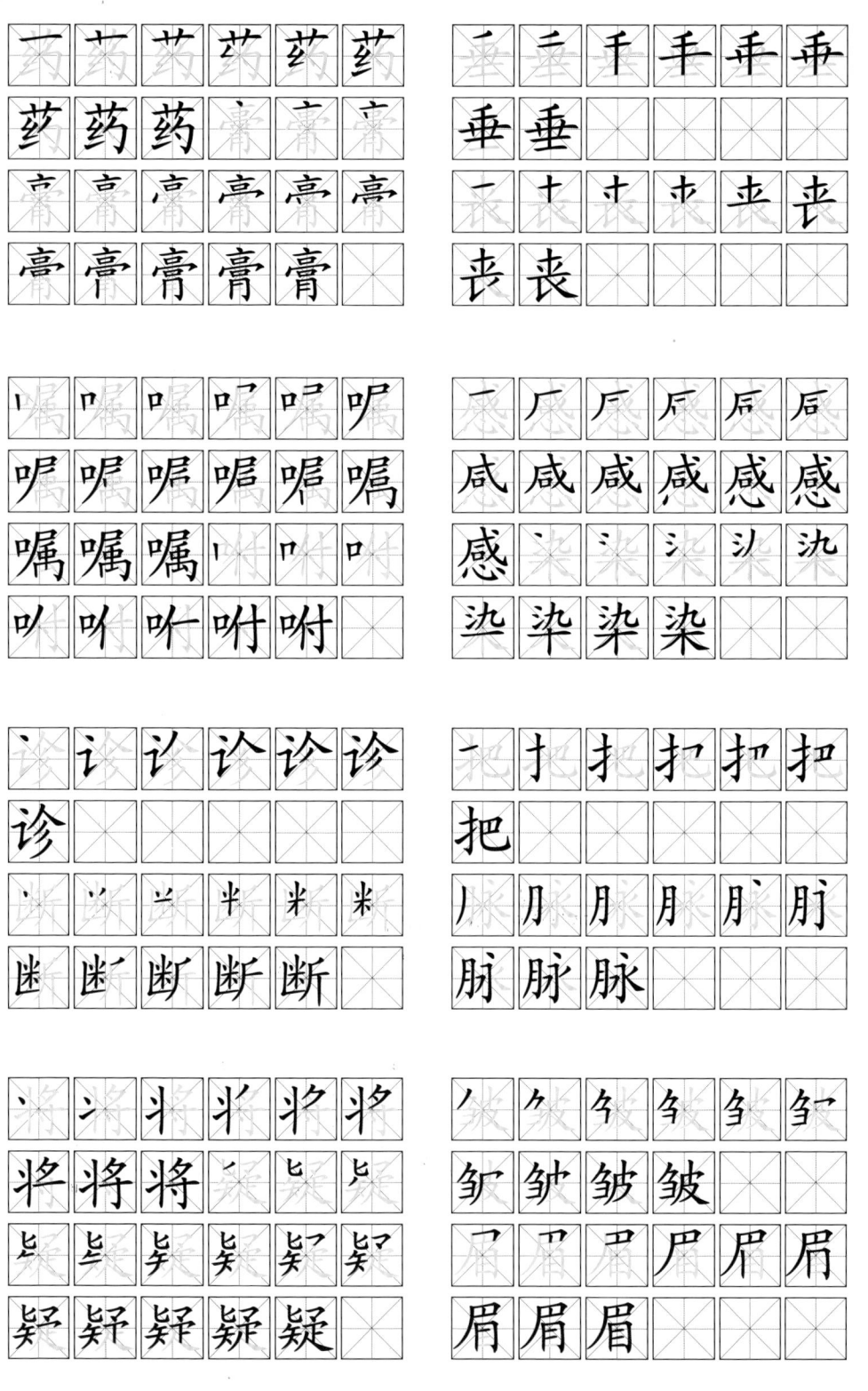

词汇表 Vocabulary

青春痘	qīngchūndòu	acne
告别	gàobié	say goodbye to
说三道四	shuōsān-dàosì	gossip; comment on
无精打采	wújīng-dǎcǎi	listless
垂头丧气	chuítóu-sàngqì	crestfallen
火气	huǒqì	internal heat
药膏	yàogāo	ointment
感染	gǎnrǎn	infection
嘱咐	zhǔfu	advice
把脉	bǎmài	feel the pulse
诊断	zhěnduàn	diagnosis; diagnose
内分泌失调	nèifēnmì shītiáo	endocrine disorder
辛辣	xīnlà	spicy
皱(着)眉	zhòu(zhe) méi	frown
良药苦口利于病	liáng yào kǔ kǒu lì yú bìng	Bitter medicine cures sickness.
将信将疑	jiāngxìn-jiāngyí	suspicious

用拼音读一读
Pinyin Version

Zǎoshang qǐchuáng yí zhào jìngzi, Xiǎomǐ dà hǎn: "Māma, kuài kàn, wǒ liǎn shang zhǎng qīngchūndòu le."

Māma pǎo guòlai yí kàn, píngjìng de shuō: "Qíshí zhǎng qīngchūndòu méi shénme dàbuliǎo de ya! Zài bù zhǎng qīngchūndòu, nǐ dōu yào gàobié qīngchūn le."

Xiǎomǐ jīnnián shíwǔ suì, zài Yīngguó yì suǒ IB xuéxiào shàng shíyī niánjí.

Kànzhe liǎn shang de dòudou, Xiǎomǐ kāishǐ dānxīn jīntiān qù xuéxiào, bān shang nàxiē tiáopí de nánshēng kànle huìbúhuì duì tā shuōsān-dàosì.

Zhěnggè zǎochen, Xiǎomǐ dōu hé wǎngcháng bù yíyàng, tā wúlùn shì chuān yīfu, zhěnglǐ shūbāo, háishi xǐliǎn, shuāyá, chī zǎofàn, dōu shì mànmān de, yìzhí wújīng-dǎcǎi. Bàba juéde bú zhèngcháng, jiù wèn Xiǎomǐ yǒu shénme bù kāixīn de shìqing. Xiǎomǐ zhǐzhe liǎn shang de dòudou, chuítóu-sàngqì de shàngxué qù le.

Wǎncān hòu, Xiǎomǐ huí fángjiān zuò zuòyè le. Māma yìbiān shōushi cānjù, yìbiān hé bàba shāngliangzhe míngtiān yàobúyào dài Xiǎomǐ qù kàn yīshēng, zhìzhi tā liǎn shang de qīngchūndòu.

Māma shuō: "Kěnéng shì Xiǎomǐ zhè duàn shíjiān chī gāotáng gāorèliàng de shíwù tài duō le, shēntǐ nèi huǒqì tài zhòng cái huì zhǎng qīngchūndòu. Míngtiān dài tā qù zhōngyī nàlǐ kànkan ba, kāi jǐ fù zhōngyào hēhe jiù néng hǎo."

Bàba shuō: "Búyào qù kàn zhōngyī le, zhōngyào yòu kǔ yòu nánhē, qǐxiào hái hěn màn. Háishi qù kàn xīyī ba, gěi yìxiē xiāoyán de yàogāo tú yi tú, zài chī diǎnr yàopiàn, hěn kuài jiù néng hǎo." Māma shuō: "Zhōngyī suīrán zhìliáo shíjiān cháng, dàn tā shì bǎ rén shìwéi yí gè yǒujī zhěngtǐ qù tiáolǐ de, ér búshì nǎlǐ chū wèntí zhǐ zhìliáo nǎlǐ. Yòng zhōngyī zhìhǎo qīngchūndòu yǐhòu, hěn cháng shíjiān dōu búhuì zài zhǎng chūlai de." Zuìhòu bàba shuō: "Suàn le, huítóu háishi wènwen Xiǎomǐ, ràng tā zìjǐ juédìng ba."

Zhè shí, Xiǎomǐ zǒu guòlai dàoshuǐ hē, bàba māma wèn tā xiǎngqù kàn zhōngyī háishi kàn xīyī, Xiǎomǐ shuō: "Kěndìng shì qù kàn xīyī le, wǒ tóngxué zhìliáo dòudou dōushì qù xīyī zhěnsuǒ, zhì dòu yòu kuài yòu hǎo."

Dì-èr tiān shàngwǔ, bàba jiù dàizhe Xiǎomǐ qùle Fēilìpǔ xīyī zhěnsuǒ. Yīshēng jiǎnchále Xiǎomǐ liǎn shang de dòudou, shuō: "Nǐ zhèshì pífū gǎnrǎn, wǒ gěi nǐ kāi diǎnr yào ba. Yàopiàn yì tiān chī sān cì, yí cì yí piàn; yàogāo yì tiān tú liǎng cì, měi shí'èr xiǎoshí yí cì."

Xiǎomǐ ànzhào yīshēng de zhǔfu chī yào tú yào, dì-èr tiān, tā liǎn shang de dòudou míngxiǎn shǎo le, dì-sān tiān, liǎn shang de dòudou jiù méiyǒu le, tā kāixīn jí le.

Kěshì cái guòle bàn gè yuè, Xiǎomǐ liǎn shang de dòudou yòu xīn zhǎng chūlai bù shǎo. Zhè cì, māma jiānjué zhǔzhāng dài Xiǎomǐ qù kàn zhōngyī.

Dàole Wángshì zhōngyī zhěnsuǒ hòu, yīshēng rènzhēn jiǎnchále Xiǎomǐ liǎn shang de dòudou, zhī hòu ràng Xiǎomǐ zhāngkāi zuǐba kànle kàn shétou, yòu ràng Xiǎomǐ shēnchū gēbo bǎle bǎ mài. Jīngguò yìfān zhěnduàn hòu, yīshēng shuō: "Nǐ shì nèifēnmì shītiáo, yào zhěngtǐ tiáolǐ yíxià shēntǐ, děng shēntǐ tiáolǐ hǎo le, dòudou zìrán jiù xiāoshī le. Wǒ gěi nǐ kāi wǔ fù zhōngyào, huíjiā zhīhòu jiā shuǐ pào èrshí fēnzhōng hòu, áo sānshí fēnzhōng, chèn wēnrè shí hēxià. Měi tiān liǎng cì, liánxù hē wǔ tiān."

Xiǎomǐ wèn: "Bú yào tú yàogāo ma? Shàng cì xīyī gěi wǒ kāile yìxiē."

"Búyòng tú, nǐ bǎochí miànbù qīngjié jiù kěyǐ. Hē zhōngyào zhèxiē tiān, nǐ yào zhùyì bié chī xīnlà, yóuzhá shíwù."

Huídào jiā li, māma gǎnjǐn kāishǐ áo zhōngyào. Māma náchū yí fù yào, xiān pào zài áo, dàyuē yòngle yí gè xiǎoshí, zōngsè de yàotāng bèi māma dàojìn yí gè dà wǎn li. děng yàotāng liángle yìdiǎnr, māma yòng bēizi fēnchū bàn wǎn ná gěi Xiǎomǐ hē.

Xiǎomǐ kànzhe zōngsè de yètǐ, zhòuzhe méitóu chángle yì kǒu, mǎshàng pǎoqù shuǐchí biān bǎ yào tǔle chūlai: "Zhè yào tài kǔ le!"

"Sú huà shuō 'Liáng yào kǔ kǒu lìyú bìng', yǒu xiàoguǒ de yào suīrán shì kǔ de, bù hǎo hē, dànshì nǐ hēle yǐhòu tiáolǐ de shì zhěnggè shēntǐ, dòudou xiāoshī hòu jiù zài yě bú huì zhǎng chūlai le." Māma shuō.

Xiǎomǐ jiāngxìn-jiāngyí, dàn háishi ànzhào māma shuō de, chèn wēnrè shí bǎ kǔkǔ de yào hē xiàqu le.

Wǔ fù yào hēwán, māma yòu dài Xiǎomǐ qùle yí cì zhěnsuǒ, yīshēng gēnjù Xiǎomǐ de biànhuà tiáozhěngle jǐ wèi zhōngyàocái, yòu kāile wǔ fù zhōngyào.

Xiǎomǐ hēdào dì-bā tiān de shíhou, liǎn shang de dòudou cái kāishǐ xiāotuì, dào dì-shí tiān zhōngyú wánquán xiāoshī le.

Xìngyùn de shì Xiǎomǐ liǎn shang de dòudou quèshí méiyǒu zài zhǎng chūlai.

Māma shuō: "Nǐ kàn, wǒ shuō zhōngyī de xiàoguǒ hǎo ba." Bàba shuō: "Zhè cì shì Xiǎomǐ yùnqi hǎo éryǐ."

Xiǎomǐ lǒuzhe bàba māma shuō: "Bùguǎn shì xīyī háishi zhōngyī, wǒ de dòudou méiyǒule cái shì zuì zhòngyào de. Nǐmen jiù búyào zhēnglùn nǎge gèng yǒuxiào la! Xià cì shēngbìng, wǒ zhōngyī xīyī dōu kàn bú jiù xíng le!"

用中文读一读
Chinese Version

早上起床一照镜子，小米大喊："妈妈，快看，我脸上长青春痘了。"

妈妈跑过来一看，平静地说："其实长青春痘没什么大不了的呀！再不长青春痘，你都要告别青春了。"

小米今年十五岁，在英国一所IB学校上十一年级。

看着脸上的痘痘，小米开始担心今天去学校，班上那些调皮的男生看了会不会对她说三道四。

整个早晨，小米都和往常不一样，她无论是穿衣服、整理书包，还是洗脸、刷牙、吃早饭，都是慢慢的，一直无精打采。爸爸觉得不正常，就问小米有什么不开心的事情。小米指着脸上的痘痘，垂头丧气地上学去了。

晚餐后，小米回房间做作业了。妈妈一边收拾餐具，一边和爸爸商量着明天要不要带小米去看医生，治治她脸上的青春痘。

妈妈说："可能是小米这段时间吃高糖高热量的食物太多了，身体内火气太重才会长青春痘。明天带她去中医那里看看吧，开几副中药喝喝就能好。"

爸爸说："不要去看中医了，中药又苦又难喝，起效还很慢。还是去看西医吧，给一些消炎的药膏涂一涂，再吃点儿药片，很快就能好。"妈妈说："中医虽然治疗时间长，但它是把人视为一个有机整体去调理的，而不是哪里出问题只治疗哪里。用中医治好青春痘以后，很长时间都不会再长出来的。"最后爸爸说："算了，回头还是问问小米，让她自己决定吧。"

这时，小米走过来倒水喝，爸爸妈妈问她想去看中医还是看西医，小米说："肯定是去看西医了，我同学治疗痘痘都是去西医诊所，治痘又快又好。"

第二天上午，爸爸就带着小米去了飞利浦西医诊所。医生检查了小米脸上的痘痘，说："你这是皮肤感染，我给你开点儿药吧。药片一天吃三次，一次一片；药膏一天涂两次，每十二小时一次。"

小米按照医生的嘱咐吃药涂药，第二天，她脸上的痘痘明显少了，第三天，脸上的痘痘就没有了，她开心极了。

可是才过了半个月，小米脸上的痘痘又新长出来不少。这次，妈妈坚决主张带小米去看中医。

到了王氏中医诊所后,医生认真检查了小米脸上的痘痘,之后让小米张开嘴巴看了看舌头,又让小米伸出胳膊把了把脉。经过一番诊断后,医生说:"你是内分泌失调,要整体调理一下身体,等身体调理好了,痘痘自然就消失了。我给你开五副中药,回家之后加水泡二十分钟后,熬三十分钟,趁温热时喝下。每天两次,连续喝五天。"

小米问:"不要涂药膏吗?上次西医给我开了一些。"

"不用涂,你保持面部清洁就可以。喝中药这些天,你要注意别吃辛辣、油炸食物。"

回到家里,妈妈赶紧开始熬中药。妈妈拿出一副药,先泡再熬,大约用了一个小时,棕色的药汤被妈妈倒进一个大碗里。等药汤凉了一点儿,妈妈用杯子分出半碗拿给小米喝。

小米看着棕色的液体,皱着眉头尝了一口,马上跑去水池边把药吐了出来:"这药太苦了!"

"俗话说'良药苦口利于病',有效果的药虽然是苦的、不好喝,但是你喝了以后调理的是整个身体,痘痘消失后就再也不会长出来了。"妈妈说。

小米将信将疑,但还是按照妈妈说的,趁温热时把苦苦的药喝下去了。

五副药喝完,妈妈又带小米去了一次诊所,医生根据小米的变化调整了几味中药材,又开了五副中药。

小米喝到第八天的时候,脸上的痘痘才开始消褪,到第十天终于完全消失了。

幸运的是小米脸上的痘痘确实没有再长出来。

妈妈说:"你看,我说中医的效果好吧。"爸爸说:"这次是小米运气好而已。"

小米搂着爸爸妈妈说:"不管是西医还是中医,我的痘痘没有了才是最重要的。你们就不要争论哪个更有效啦!下次生病,我中医西医都看不就行了!"

用英文读一读
English Version

Waking up in the morning and looking in the mirror, Xiaomi shouted, "Mum, look, I have pimples on my face."

Her mother ran over to have a look and said calmly, "Actually, pimples aren't that serious! If you don't have them, it means you're not young anymore."

Xiaomi was fifteen years old and was in the eleventh grade at an IB school in the UK.

Looking at the pimples on her face, Xiaomi was worried about going to school that day, thinking the naughty boys in class would talk about her if they saw her.

Throughout the morning Xiaomi was different than usual as she got dressed, organised her schoolbag, washed her face, brushed her teeth, and ate her breakfast. She was slow and listless. Her father could see she was not her usual self, so he asked Xiaomi what was making her upset. She pointed to the pimples on her face, and went to school looking crestfallen.

After dinner, Xiaomi returned to her room to do her homework. Her mother put away the tableware while discussing with her father whether he should take Xiaomi to the doctor tomorrow to cure the acne on her face.

Her mother said, "Maybe Xiaomi has been eating too much high-sugar and high-calorie food lately, and the internal heat in her body is causing the acne. I will take her to see a doctor of traditional Chinese medicine tomorrow. Some traditional Chinese medicine will cure her."

Her father said, "Don't go see a doctor of traditional Chinese medicine. Traditional Chinese medicine is bitter and tastes bad, and the effect is very slow. She should see a Western doctor, apply some anti-inflammatory ointment, and take some pills. She will be well soon." Her mother said, "Although traditional Chinese medicine takes a longer time, it treats people as an organic whole, instead of treating the symptoms. After the acne is cured with traditional Chinese medicine, it won't come back for a long time." Finally, her father said, "This discussion isn't going anywhere. Let's ask Xiaomi to decide."

At this time, Xiaomi came over to get a glass of water. Her parents asked whether she wanted to see the doctor of traditional Chinese medicine or that of Western medicine. Xiaomi said, "It should be the doctor of Western medicine. My classmates all go to a Western medicine clinic where the acne treatment is fast, and cures it well."

The next morning, her father took Xiaomi to the Philips Western Medicine Clinic. The doctor examined the acne on Xiaomi's face and said, "You have a skin infection. I will prescribe some medicine for you. Take one pill three times a day, and apply the ointment once every twelve hours."

Xiaomi took the pills and applied the ointment according to the doctor's instructions. The next day, there were fewer pimples on her face. By the third day, they had disappeared.

She was jubilant.

But only half a month later, the pimples on Xiaomi's face appeared once again. This time, her mother was determined to take Xiaomi to see the doctor of traditional Chinese medicine.

After arriving at Wang's Traditional Chinese Medicine Clinic, the doctor carefully examined the acne on Xiaomi's face. He told her to open her mouth so he could examine her tongue, and asked her to extend her arm to check her pulse. After this, the doctor said, "You have an endocrine disorder, and you need to adjust your body as a whole. After your body is adjusted, the acne will disappear. I'll prescribe five doses of traditional Chinese herbal medicine for you. After you go home, soak it for 20 minutes, and then boil it for 30 minutes. Drink it after it become lukewarm, twice a day for five consecutive days."

Xiaomi asked, "Should I apply some ointment? Last time, the doctor of Western medicine prescribed some."

"You don't need to apply ointment. You should keep your face clean. And don't eat any spicy or fried food during this time."

Back home, her mother quickly began to prepare the Chinese medicine. It took her about an hour to take out the herbs, soak them and boil them. She then poured the brown medicinal soup into a big bowl. After the soup cooled for a while, she placed half into a bowl, gave it to Xiaomi and asked her to drink.

Xiaomi looked at the brown liquid, frowned, took a sip, and immediately ran to the sink to spit it out. "This medicine is too bitter!"

"As the saying goes, 'Bitter medicine cures sickness.' Although the medicine is bitter and doesn't taste good, after you drink it your body will be in good condition. After the pimples disappear, they will never come back," her mother said.

Xiaomi was suspicious, but took the advice of her mother. She drank the bitter medicine while it was lukewarm.

After finishing the five doses of medicine, her mother took Xiaomi back to the clinic. The doctor adjusted the prescription according to her condition, and prescribed five more doses of traditional Chinese medicine.

When Xiaomi drank it on the eighth day, the pimples on her face began to fade. By the tenth day they had finally disappeared, and did not come back.

Her mother said, "See? I told you that traditional Chinese medicine has a good effect." Her father said, "This time Xiaomi gets lucky."

Xiaomi hugged her mother and father and said, "Whether it is Western medicine or traditional Chinese medicine, removing the pimples on my face is the most important. You don't need to argue about which is more effective! Next time I'm sick, I will see both traditional Chinese and Western doctors!"

❶ Level Chinese 在做什么

Level Chinese致力于为幼儿园、小学及初高中的汉语学习者提供精准的汉语阅读分级服务，其开发的汉语水平分级框架根据语法、词汇量和阅读技能等要素，将汉语水平分为20个级别。

Level Chinese目前可提供的服务有：

1. 在线评估和数据分析服务。学生可通过在线平台测试自己的汉语水平，系统可提供即时数据，方便教师清晰地了解和准确地评估每名学生的汉语阅读水平及进展。

2. 中文图书分级服务。根据Level Chinese开发的20个级别的汉语水平分级框架为文学类和非文学类中文图书进行分级（其中包括"华语阅读金字塔"汉语分级阅读系列全部图书及华语教学出版社出版的多套汉语分级阅读系列丛书），便于学生根据自身水平选择阅读书单。

3. 配套阅读理解练习。为所有已分级的图书提供配套的阅读理解练习（worksheet，见右图），帮助学生在阅读的同时进一步巩固所学的语法知识和阅读技巧。

worksheet

❷ Level Chinese与ACTFL分级对照表

Level Chinese	ACTFL	Level Chinese	ACTFL	Level Chinese	ACTFL
A	Novice Low	H	Intermediate Low	O	Intermediate High
B	Novice Mid	I	Intermediate Mid	P	Advanced Low
C	Novice Mid	J	Intermediate Mid	Q	Advanced Low
D	Novice High	K	Intermediate Mid	R	Advanced Low
E	Novice High	L	Intermediate High	S	Advanced Low
F	Intermediate Low	M	Intermediate High	T	Advanced Low
G	Intermediate Low	N	Intermediate High		

❸ 本故事级别为 Level Chinese M

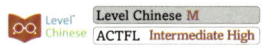

Level Chinese M
ACTFL Intermediate High

Level Chinese M： 此级别图书包含绘本书和无图文本，每本30~60个句子，大部分句子是30个字左右的较长句子。M级图书以非重复性复合句为主，包含短段落，可能包含中段落，可能包含细节描写或表达观点的句子，可能包含多种修辞方法。M级书包含部分高频词和部分书面语。图书部分内容可能超出日常生活。此级别图书的图画可能包含更多细节。

华语阅读金字塔
Sinolingua Reading Tree
12级 Level 12

"华语阅读金字塔"系列针对幼儿园、小学至中学以英语为母语的汉语学习者或国际学校的汉英双语学习者。全系列分为预备级、1~12级,共13个级别。预备级适合幼儿园阶段亲子阅读;1~12级词汇及语言难度螺旋上升,适合小学至中学阶段的学生学习。本系列根据IB中的PYP、MYP和DP ab initio教学话题,参照YCT、IGCSE、IB和AP等国际通行的中文考试大纲词汇,以及国际学校中比较流行的教材里的词汇进行编写。书中配有涉及听说读写的有趣练习和精心设计的探究项目(project),力求引导学生在探索中吸收与语言和文化有关的知识。本系列还提供配套音频和电子书,12级有如下10本。

The Sinolingua Reading Tree series is a collection of Chinese levelled readers aimed at kindergarten through secondary school-aged students who are native English speakers or who are studying at Chinese-English bilingual international schools. This series is divided into 13 levels, ranging from a starter level to more advanced levels. The starter level is intended for parent-child reading for kindergarten-aged children while the other 12 levels are suitable for primary and secondary school students. The series covers topics from the Primary Years Programme (PYP), Middle Years Programme (MYP) and the ab initio of the Diploma Programme (DP) established by the International Baccalaureate (IB). It is compiled with the use of the vocabulary listed in the syllabi of international Chinese language tests, such as the Youth Chinese Test (YCT), International General Certificate of Secondary Education (IGCSE), IB and Advanced Placement Programme (AP) as well as vocabulary in popular textbooks adopted by international schools. Each volume, complete with audio material and an e-book, is accompanied by exercises and a research project that aims to guide students in learning Chinese language and culture through exploration. Volumes 1-10 of Level Twelve of the series are listed below.

www.sinolingua.com.cn　　Email: hyjx@sinolingua.com.cn　　Tel: (86) 10 - 68320585　68997826

出版策划：王君校　韩　晖
统筹协调：付　眉　韩　颖　彭　博
项目策划：陆　瑜
责任编辑：陆　瑜
英文编辑：吴爱俊
封面设计：张　颖
绘　　画：王点意绘图工作室　手机：13486835791　QQ：745126139

图书在版编目（CIP）数据

中医与西医：汉英对照 / 鲍思冶, 曾凡静编著. — 北京：华语教学出版社, 2021.1
（华语阅读金字塔. 12级；6）
ISBN 978-7-5138-2056-1

Ⅰ. ①中… Ⅱ. ①鲍… ②曾… Ⅲ. ①汉语 - 对外汉语教学 - 语言读物 Ⅳ. ①H195.5

中国版本图书馆CIP数据核字(2020)第264143号

华语阅读金字塔·12级⑥中医与西医

Victor Siye Bao（鲍思冶）　曾凡静　编著
卢　敏　翻译
＊

© 华语教学出版社有限责任公司
华语教学出版社有限责任公司出版
（中国北京百万庄大街24号　邮政编码100037）
北京玺诚印务有限公司印刷
2021年（32开）第1版
2021年第1版第1次印刷
（汉英）
ISBN 978-7-5138-2056-1
001990

First Edition 2021
First Printing 2021

Copyright 2021 by Sinolingua Co., Ltd
Published by Sinolingua Co., Ltd
24 Baiwanzhuang Street, Beijing 100037, China
Tel: (86) 10-68320585 68997826
Fax: (86) 10-68997826 68326333
http://www.sinolingua.com.cn
E-mail: hyjx@sinolingua.com.cn
Facebook: www.facebook.com/sinolingua

Printed in the People's Republic of China